모던 인천

MODERN INCHEON SERIES 2
The open ports of Korea seen in the Glover Albums

모던인천 시리즈 2

글래버 앨범 속의 개항기 조선

류은규, 도다 이쿠코, 야마다 유카리

Contents

들어가며 ———————————— 06

1부. 이방인의 인천 살이 ———————— 10

개항기 인천에서 서양인 부부는 어떤 생활을 했을까?
가족 앨범의 사진이 그들의 삶을 우리에게 말해준다.

2부. 격동의 시대를 담다 ———————— 34

전쟁과 사회 변혁이 잇따른 격동기, 서양 상인은 사업에
도움이 될 만한 정보를 수집하기 위해 사진을 구했다.

3부. 영국 상인이 바라본 개항도시 인천 —— 64

1897년 20대 젊은 영국인 부부는 '제물포'에 도착했다.
1883년 개항한 그곳은 매립과 도시 건설로 활기차고 분주했다.

4부. 개항기 조선의 현실 — 90

무역상은 다른 도시의 정보도 적극적으로 수집했다.
새로운 문물이 급속히 유입되는 조선은 그들에게 기회의 땅이었다.

5부. 조선 풍속 도감 — 114

신기한 풍습에 호기심이 자극받아 모은 사진들일까?
어여쁜 여인의 모습이 시공을 넘어 우리 가슴에 여운을 남긴다.

6부. 논고 — 138

개항기의 사진 사정 ｜ 류은규
글래버 패밀리 앨범에 대해서 ｜ 브라이언 버크-가프니
하나가 영어로 쓴 사진 설명 ｜ 야마다 유카리

글래버 앨범 속의 개항기 조선

들어가며 Foreword

| 도다 이쿠코

   황소 등에 올라타 환하게 웃는 서양인들. 왼쪽은 하나 글래버 베넷(Hana Glover Bennett), 가운데는 월터 베넷(Walter G. Bennett). 제물포에서 신혼살림을 꾸민 지 얼마 안 된 무렵의 기념사진이다. 대형 유리건판으로 전문 사진사가 구도를 잘 잡아서 찍은 한 장의 사진이 개항기 조선의 현실을 상징하는 듯하다.

   쇄국정책을 포기한 조선은 1876년 부산을 비롯하여 1880년에 원산, 그리고 1883년에 인천을 각각 개항하였다. 이때부터 1910년 국권 피탈까지 구한말 시기를 '개항기'로 불러보기로 하자. 열강들의 힘으로 문호가 열린 조선에는 근대 문물이 급속히 유입됐다. 거기에 중간 역할을 한 사람은 일본이나 청나라 상인뿐만 아니라 서양 상인도 있었다.

   세 군데 개항장 중 먼저 발전한 곳이 당시 '제물포'라 불린 인천이다. 거대 시장 한성(서울)과 가장 가깝다는 것이 그 이유였다. 개항기 인천과 나가사키는 일찍이 정기 항로로 연결되어 사람과 문물의 왕래가 활발했다. 나가사키 홈링거상회에서 일하던 영국인 월터 베넷은 1896년 10월 인천지점장으로 부임했고, 1897년 1월 나가사키에서 하나와 결혼하자 2월에 아내를 데리고 인천으로 배를 타고 건너왔다.

어린 시절부터 영어로 교육받던 하나는 영국인으로서의 정체성을 갖고 성장했던 모양이다. 20대 초반 월터와 결혼한 뒤 하나는 40여 년을 인천에 살면서 네 명의 자녀를 낳아 키웠고, 62세 나이에 지병으로 떠난 뒤 인천 외국인 묘지에 안장되었다. 월터는 홈링거상회에서 독립해 인천에서 베넷상회를 운영하면서 본국에서 파견된 영사가 강제합병된 뒤 이임하고 후임으로 영국 영사 대리로 임명됐다. 베넷 가족은 항구가 내려다보이는 해망대 언덕 위의 영국영사관 저택에서 20여 년을 살았다.

월터와 하나가 인천으로 건너온 1897년은 대한제국이 수립되면서 사회가 크게 요동치던 시기였다. 복잡한 상황을 파악하려던 29세의 월터와 21세의 하나에게 사진관에서 판매하는 사진이 귀중한 정보가 되었다. 그들의 앨범에 수록된 것은 아름다운 풍경이나 서민의 삶을 전하는 풍속 사진만이 아니다. 갑신정변 실패 후 암살된 김옥균의 효수, 명성황후 장례식, 종군 사진사가 찍은 기록 사진 등 시대 상황을 생생하게 전하는 내용도 많다.

상인에게 전쟁은 큰 기회이기도 하다. 젊은 월터 베넷은 이미 일본에서 성공을 거둔 장인에게 배워 현지인들 속으로 들어가 정보 수집에 힘썼을 것이다. 하나는 그런 남편을 도와 사진 정리를 했을지도 모른다. 하나의 영문 필적이 남아 있는 앨범이 나가사키에 보관되어 있었다. 나가사키에서 역시 무역업에 종사하던 하나의 이복 오빠인 구라바 토미사부로(倉場富三郎, T. A. Glover)에게 조선의 정세를 알리려고 하나는 이 사진들을 보냈을까 상상해 본다.

  토미사부로는 사진이 취미였던 듯 당시로서는 보기 드문 사진기를 들고 여동생 부부가 사는 인천을 찾아 동네 모습과 가족들을 촬영하기도 했다. 거기에 담긴 건물과 풍경도 당시를 알 수 있는 귀중한 자료가 되었다. 토미사부로는 일본 패전 직후에 스스로 목숨을 끊었고 자손은 없다. 그리고 유품이 된 앨범이 나가사키 역사문화박물관에서 보존되어 있다.

  이 책은 나가사키 역사문화박물관이 소장하고 있는 구라바 토미사부로의 여덟 권의 앨범 중 개항기 조선에서 촬영한 사진만 추려 구성한 것이다. 그 당시 서양 상인은 무엇에 관심을 가졌는지가 이 책에서 드러날 것이다. 과거 바다를 건너 사람들이 오갔던 흔적이 전후 80년의 세월을 거쳐 비로소 여기에 밝혀진다. 이 사진들은 나가사키와 인천을 잇는 소중한 인연이기도 하다. 귀중한 사진을 간직하고 보존해 온 나가사키 역사문화박물관에 이 기회를 빌려 진심 어린 감사를 드린다.

한 앨범의 같은 페이지에 나란히 있는 기모노 차림의 남매.

호적에 의하면 오빠 토미사부로(1870~1945)는 가가 마키라는 여성의 아들이고, 여동생 하나(1876~1938)는 아와지야 츠루라는 여성의 딸이다. 남매의 아버지는 개화기 일본으로 건너간 명성 높은 무역상 토마스 B. 글래버(Thomas B. Glover 1838~1911)다.

당시로선 보기 드물게 서양인 피가 섞인 두 남매 중, 영국인과 결혼하여 인천에 살았던 동생 하나는 영국인으로 살다가 인생을 마감했고, 일본에서 사업을 했던 토미사부로는 일본인으로서의 정체성을 가지고 있었는데, 태평양전쟁 시기 적국 스파이라는 오해를 받는 등 고초를 겪었다.

모던 인천

Modern Incheon Series 2

1부
이방인의 인천 살이
Part 1. Life of foreigners in Incheon

개항기 인천에서 서양인 부부는 어떤 생활을 했을까?
가족 앨범의 사진이 그들의 삶을 우리에게 말해준다.

개인 소장

1897년 나가사키의 글래버 저택에서 하나 글래버(21세)와 월터 베넷(29세)이 결혼식을 올렸다. 신부 하나의 아버지는 일본 개항기에 활약한 영국상인 토마스 글래버, 어머니는 일본인 아와지야 츠루다. 신랑 월터 G. 베넷은 영국인으로 1890년에 일본에 건너가 홈링거상회에 입사했다.

하나와 월터는 결혼식이 끝나자, 인천을 향했다. 월터가 홈링거상회 인천지점 지점장으로 근무하고 있었기 때문이다. 20대였던 부부는 내리 아이 넷을 낳아 기르면서 40여 년 동안 인천에서 살았고, 1938년 병사한 하나는 지금도 인천에 잠들어 있다.

상처한 월터는 큰 딸과 함께 그 후도 인천에서 살았으나, 일본이 진주만을 공격하면서 미국과의 전쟁이 시작되자 1942년 일본 요코하마를 거쳐 영국으로 귀국했다.

1898년경 나가사키 사진관에서 찍은 사진에 장남 토마스를 업은 하나가 있다. 하나는 낯선 땅 인천에서 첫 아이를 출산했다. 토마스는 1897년생. 하나는 스물두 살의 젊은 엄마다. 오른쪽은 1899년 둘째 아들 하버드를 품에 안은 월터 베넷(31세)이다.

1906년에 사진관에서 찍은 2장의 사진. 왼쪽은 큰 딸 이디스(5세), 오른쪽은 막내딸 메이벨 (3세). 1988년 나가사키를 방문한 메이벨이 이것을 비롯한 여러 장의 사진을 나가사키에 기증했다.

1907년쯤 인천에서의 베넷 가족.
월터 베넷은 39세, 아이들은 왼쪽부터 아들 토마스 10세, 하버드 8세, 딸 이디스 6세, 메이벨 4세.

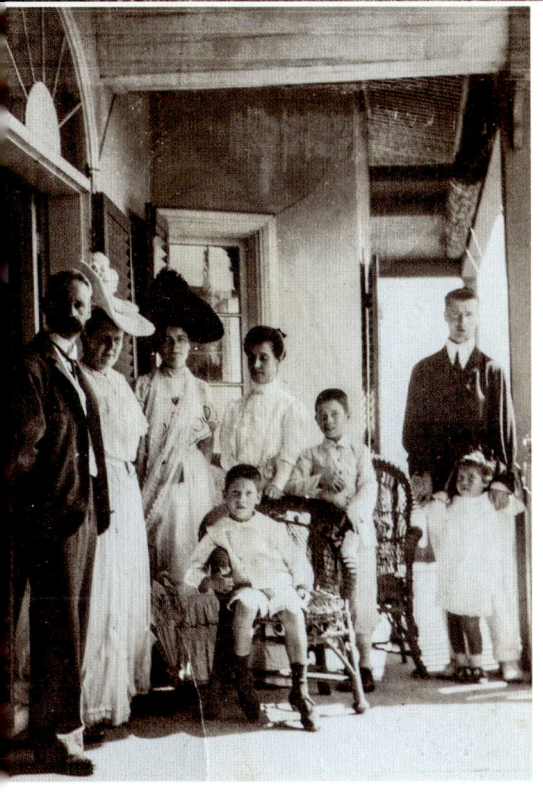

1906년경 인천 송월동 3가에 있던 양관의 모습. 베넷 일가는 이곳에서 살다가 1915년 해망대 영국영사관 건물로 이사했다. 이 주택에는 1918년 독일 상인 파울 쉬르바움(Paul Schirbaum) 가족이 와서 살았다. 그들은 원래 각국공원 정상에 있던 세창양행 사택에서 살았는데, 1914년 각국조계지가 철폐되면서 세창양행 사택을 떠나 이곳으로 이사 왔다.

1915년 베넷 일가족은 영국영사관 건물로 거처를 옮겼다. 월터와 하나 부부는 아들 둘, 딸 둘, 여러 마리 개와 함께 20여 년 동안 우아한 저택에서 남부럽지 않은 삶을 살았다.

오른쪽에서 하나 39세, 큰딸 이디스 14세, 월터 47세, 막내딸 메이벨 12세.

상태는 안 좋으나 여덟 권의 앨범에 동일한 사진이 세 번이나 등장할 만큼 가족들에게 중요한 일이었다는 것을 짐작할 수가 있다. 희미한 사진 속에 큰 개 두 마리의 모습이 보인다.
월터가 나가사키에서 개를 데리고 인천에 왔을 때 사진인 것 같다. 큰 개는 래브라도 리트리버 종으로 보인다.

개항기 조선에서는 애완견을 키우는 문화가 아직 형성되어 있지 않았는데, 베넷 가족은 유난히 개를 좋아했던 모양이다.

1917년에 이곳에 온 하나의 오빠 토미 사부로는 영국영사관 욕실 입구 문 앞에 앉아 있는 개 두 마리를 촬영했다.

1917년 나가사키에서 연락선을 타고 하나 글래버 베넷의 이복 오빠인 구라바 토미사부로가 인천을 방문했다.

1917년 6월 8일 조선 신문 [연락선 상륙객]이라는 기사에 6일 아침 입항한 고라이마루(高麗丸) 상륙객 274명 중 일등석 2명, 이등석 61명의 이름이 공개되어 있는데, '일등석 외국인 한 명 구라바 토미사부로'라고 기록되어 있다.

토미사부로는 동생 하나가 살고 있던 인천 영국영사관에서 묵으면서 가져 온 사진기로 베넷 가족과 집 주변을 촬영했다. 토미사부로 47세, 하나 41세 무렵이다.

1910년대 들고 다니기 좋은 소형 사진기가 막 보급하기 시작했던 무렵, 토미사부로는 취미로 사진을 찍었던 모양이다. 필름 감도나 인화 기술이 좋지 않아 초점이 안 맞는 사진도 많지만, 토미사부로는 그 당시 생활이나 풍경 등 소중한 기록을 남겼다.

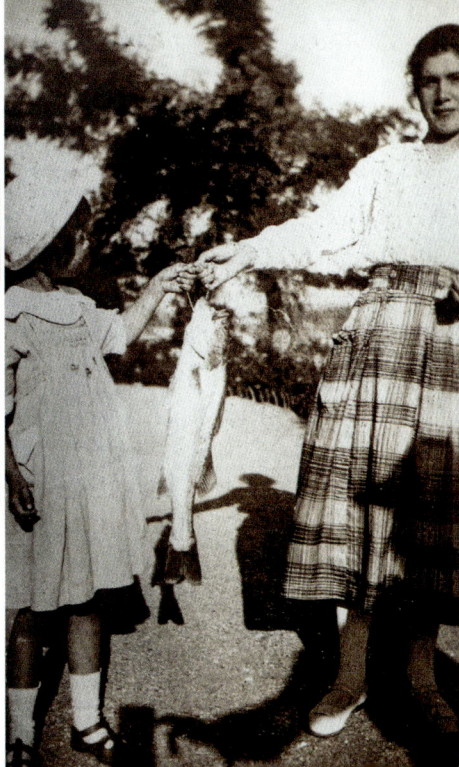

1917년 토미사부로가 영국영사관 언덕에서 찍은 사진에는 언덕 남쪽에 있었던 인천 세관 본관, 세관 창고, 공사 중인 갑문이, 앞바다에는 사도가 보인다.

인천 세관 감시과 부근 부두. 왼쪽 아래에 보이는 비석은 인천 앞바다에서 조난한 영국 함선 에드거호 선원을 기리는 위령비.

영국영사관 언덕 북쪽에 있는 인천역.
역사(驛舍)는 1908년에 개조되었다.

1920년쯤으로 추측되는 기념사진. 인천에 거주하는 일본 여성들이 하나를 찾아왔다.

어릴 때부터 일본에서 살면서도 영어로 교육 받은 하나는 인천에 오래 살면서도 일본인과의 교류는 많지가 않았다. 그 당시 일본 여성은 기모노 차림이 일반적이었고, 인천 시가지엔 기모노 가게(오복점=吳服店)가 여럿 있었다.

하나와 기념사진을 찍은 일본 여성들이 배를 타고 월미도로 건너가서 야유회를 즐긴 모양이다. '애국부인회' 모임이었을까? 하나의 모습은 없다.

'애국부인회'는 일본에서 1900년대 초 주로 황족, 귀족 상류층 부인으로 조직되어 전쟁 유가족 돌봄 등 사회활동을 벌였고, 1905년 이후엔 한국지부를 만들어 일본 적십자와 협력하면서 친일적인 조선 부인 양성 등 적극적으로 활동했다.

仁川各國公園の櫻花
CHEMULPO

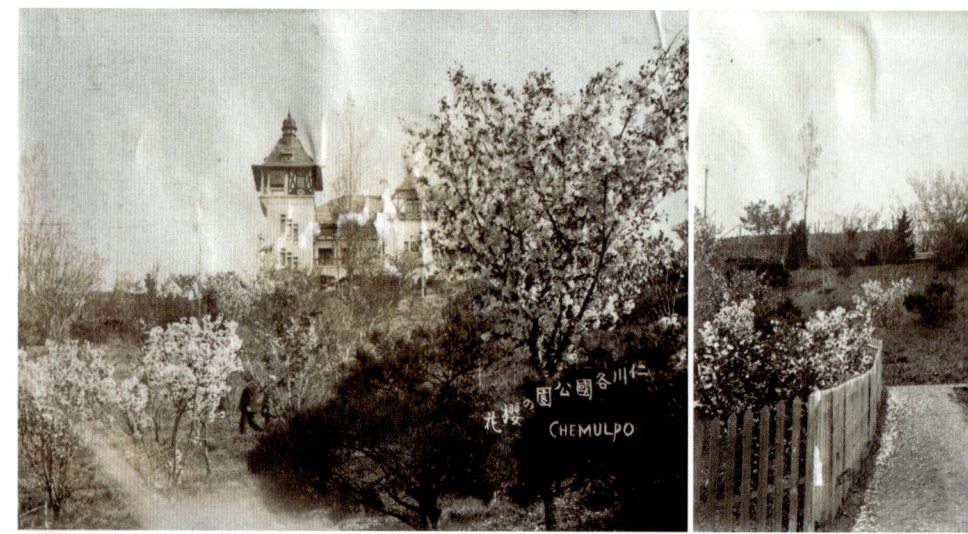

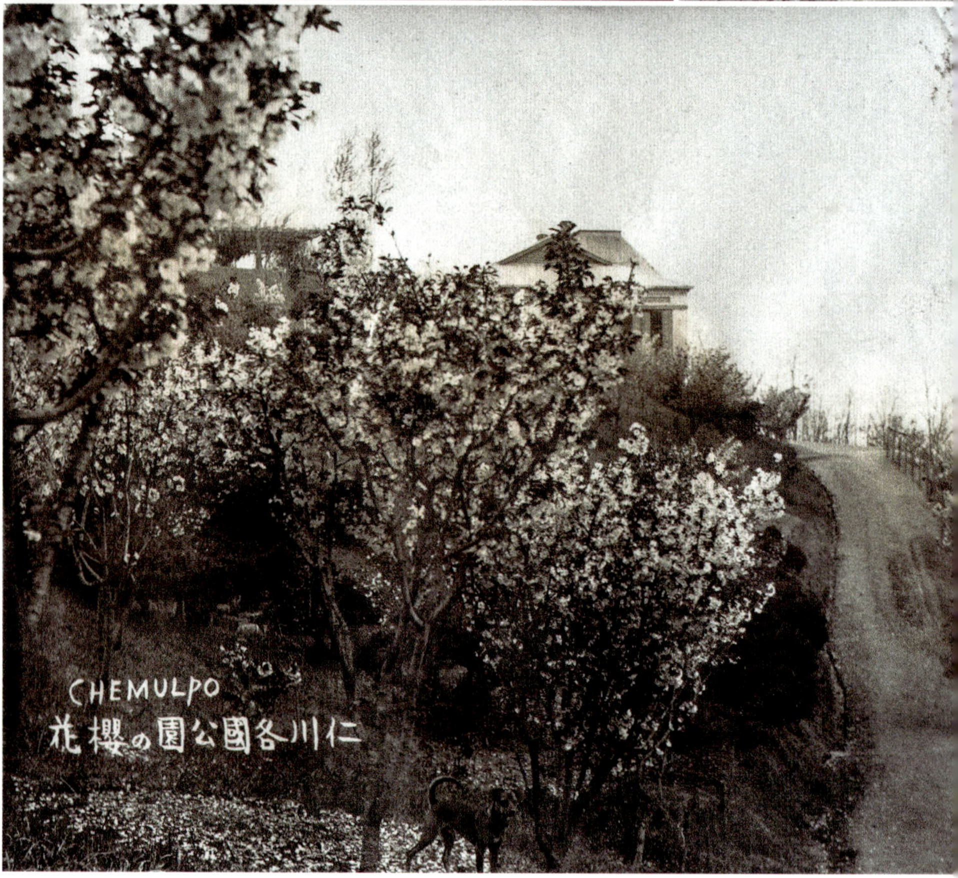
CHEMULPO
仁川各國公園の櫻花

촬영자와 연도를 알 수 없는 '제물포, 인천 각국공원의 벚꽃'이라고 새겨진 네 장의 사진. 인천항의 상징인 '존스턴 별장'(1905년 완공)이 보인다. 상하이 이화양행(怡和洋行)에서 근무하던 영국인 제임스 존스턴(James Johnston)의 여름 별장으로 알려져 있다.

오늘날 '자유공원'이라는 이름이 된 '각국공원'은 응봉산 일대 각국 조계지에 위치한 우리나라 최초의 서양식 공원이며 설계자는 인천 세관에 근무했던 러시아인 토목기사 사바친(Sabatin)이라 전해진다. 산 중턱에는 서양인들의 오락 시설인 정구장(庭球場=연식 테니스 코트)이 있었고, 공원은 봄마다 벚꽃이 만발했다. 각국공원엔 독일인이 사용하는 '세창양행' 사택도 있었는데, 이런 서양식 저택들이 1950년 인천상륙작전 당시 폭격으로 인해 다수 파괴되었다.

捕鯨船　第八吉丸号

'포경선 올가호'라는 설명이 있다. 1897년 나가사키에 있던 링거가 러시아인 2명과 합의하여 홈링거상회를 대리점으로 한 포경사업을 기획했다.

그해 10월 올가호가 완공되어 나가사키에 도착했다. 11월 노르웨이인 올센을 선장으로 하여 조선 근해로 출항했고, 함경남도 마양도, 원산 방면에서 고래 40두를 포획했다. 선미엔 노르웨이 국기가 보이고 선두엔 고래를 잡기 위한 대포가 설치되어 있다.

1904년 월터 베넷은 홈링거상회에서 독립해 광창양행(広昌洋行)을 설립했다. 에바라 슈이치로(穎原修一郎)와의 공동경영으로, 영어 표기는 Bennet & Co.(베넷상회), 일어로는 일영무역합자회사(日英貿易合資會社)였다.

에바라는 나가사키외국어 학교, 게이오의숙을 졸업 후 1896년 이나마쓰마쓰노스케 (稲松松之助)상점 인천지점 지배인이 되어 능통한 영어로 베넷과 친분을 쌓았다. 베넷상회는 한 때 고오리회조점(郡回漕店, 1902년 건축) 건물을 빌려 사용했다.

모던인천

Modern Incheon Series 2

2부
격동의 시대를 담다
Part 2. Scenes of turbulent times

|

전쟁과 사회 변혁이 잇따른 격동기,
서양 상인은 사업에 도움이 될 만한 정보를
수집하기 위해 사진을 구했다.

1894년 인천항에 상륙했던 일본군은 항구 주변에 야영텐트를 설치해 숙영했다. 앞쪽에 보이는 나무 기둥은 일본군 전사자 무덤이다.

이 사진은 일본군 종군 사진사가 촬영했던 것으로 추정된다.

개항장으로 발전하는 중심지에서 동쪽으로 약간 벗어난 곳인데, 나중에 일본인 거류지가 확대할 때 데라마치(寺町)라 하여 일본 각종 종파의 절들이 들어선 지역이다.

원래 일본에서는 절 경내에 무덤을 만들기 때문에, 많은 전사자가 묻혔던 곳에 당연하듯 절들이 터를 잡았다.

청일전쟁 청군 포로 (평양)

하나의 필적으로 [Kim U Kune body]라고 쓰여있다.

갑신정변을 일으킨 김옥균은 1894년 상하이에서 암살당하고, 시신은 인천항을 통해 조선으로 들여와 양화진에서 다시 참수하는 극형을 받았고, 효수된 목에는 '대역부도 옥균'이라고 죄명이 쓰인 천이 함께 내걸렸다.

신문물을 접해 일본을 왕래하면서 사회 개혁을 도모했던 김옥균은 후쿠자와 유키치 등 유력자와 친분을 쌓았고, 갑신정변 실패 후 일본에 망명하여 그들의 도움을 받았다. 김옥균의 비참한 최후는 프랑스, 미국 일본에서도 크게 보도되었고, 도쿄 아오야마 묘지에 김옥균의 묘지와 묘비가 세워졌다.

Queens Funeral

'Queens Funeral(왕비의 장례)'은 하나의 필적이다.
1897년 미국인 동양학자 윌리엄 그리피스(William Elliot Griffis)가 찍은 명성황후 장례 사진. 그리피스는 1870년 일본 정부 요청으로 바다를 건너 물리 화학 등을 강의하다가 일본 문화를 연구했고, 조선도 방문했었다.

Funeral of Queen

하나의 필적으로 'Funeral of Queen(왕비의 장례)'라고 쓰여있다. 그런데 이 두 장의 사진이 영국인 조지 커즌(George Nathaniel Curzon)의 '왕의 행렬(The King in state procession, 1894)'이라는 기록도 있다. 커즌은 정치가이자 나중에 후작이 된 인물이고, 1887년에서 1895년 사이에 다섯 번에 걸쳐 세계여행을 했다.

그때 남긴 세계 각지의 사진 기록이 질이 아주 좋다. 아마도 전문 사진사를 데리고 다니면서 촬영했을 것이다. 당시에는 아직 휴대하기 좋은 소형 사진기가 없었던 시절이다.

또한 이 사진이 프랑스 공사로 조선에 부임한 이폴리트 프랑뎅(Hippolyte Frandin)의 '광통교의 왕 행렬(Royal procession on the Gwangtonggyo Bridge. Palace entrance. Main street. King's dancers)이라는 기록도 있다. 프랑뎅이 촬영한 건지 수집한 건지에 대해선 정확히 알 수가 없다.

1898년 제임스 게일이 촬영한 '왕의 행렬'
사진 상태가 좋지 않은 것으로 보아 사진관에서 무단 복사한 것이
아닐까 하다.

캐나다 출신 장로교 선교사 제임스 게일(James Scarth Gale)은
1888년 한국에 건너와 영어를 가르치면서 선교활동을 하고, 한국
고전문학을 연구하기도 하고, 사진도 많이 남겼다.

행사나 사건 사진뿐만 아니라 민속 사진도 많이 찍었는데, 판매용
으로 복사가 되어 인기리에 팔렸던 모양이다.

모던인천 2

을미사변이 일어난 1895년은 중앙에서 행정과 사법의 분리, 지방에서 감리서 폐지 등 관제(官制) 개정, 또한 태양력의 사용 시작, 단발령(斷髮令) 시행 등 사회 변화가 많았던 해이기도 하다.

군에서는 육군 복장 규칙이 내려져 군복 개편이 시행되었는데, 서양식 군복이나 군모 등 장구는 모두 일본에서 수입했다. 청일전쟁에 승리한 일본이 조선에 대한 영향력을 과시하기 시작한 시기다.

Korean military officer

하나의 글씨로 Korean military officer(한국군 장교)라고 쓰여있다. 1897년 대한제국 설립 후의 대한제국 군 수뇌부로 보인다.

1888년 조선에 건너온 샬트르 성 바오로 수녀회는 서울 명동 언덕 위에서 고아들을 돌봐주는 보육원을 경영했다.

첫 선교 수녀인 자카리아(초대 원장) 수녀와 에스텔 수녀가 아이들과 찍은 사진이다.

자식이 많았던 하나는 불우한 조선 아이들에 대한 관심도 많아서 이 사진을 사진첩에 남긴 게 아닐지 상상해 본다. 하나는 인천에 살면서 프랑스교회(현 답동성당)에서 운영하는 보육원에 기부금을 내기도 했다.

러일전쟁 1904년 2월 9일 인천해 해전

① 러시아 함대 숭가리(왼쪽)와 코리에츠
② 선체가 기울어진 바랴크
③ 코리에츠

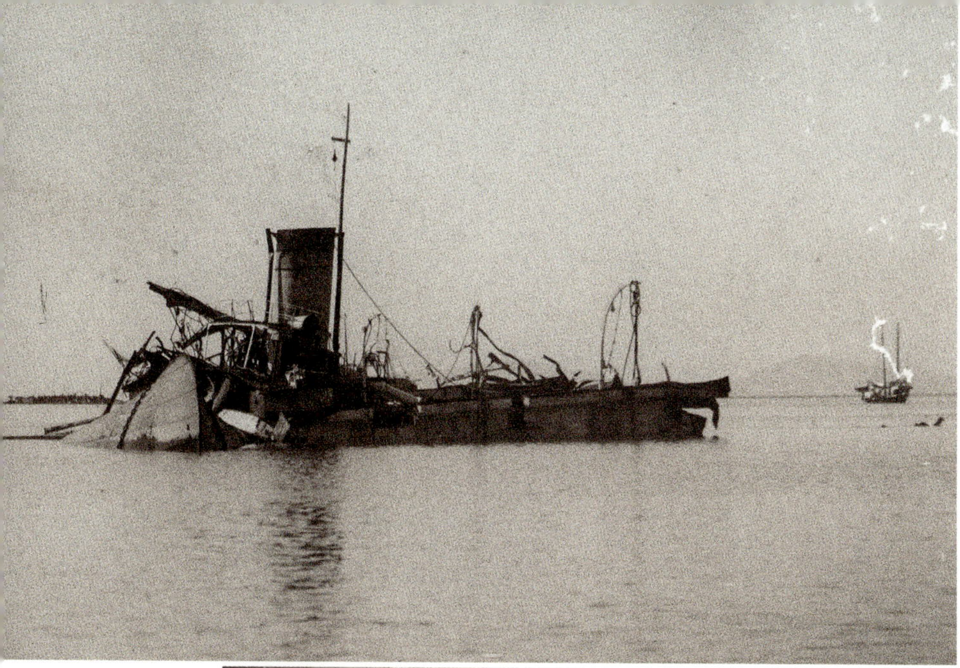

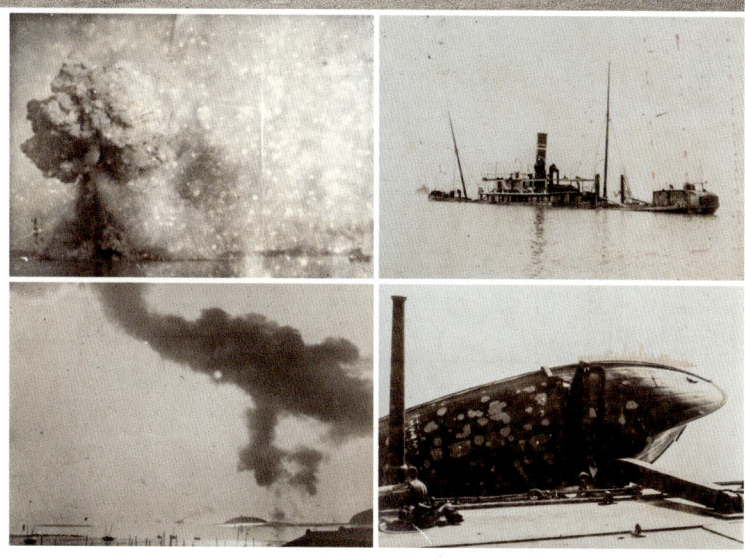

① 자폭하는 코리에츠

② 승조원이 모두 퇴거 후 자침하는 수송선 숭가리

③ 자폭한 순양함 바랴크

④ 1905년 8월 8일 인양된 바랴크호의 보트

1	2
3	4

1904년 2월 9일 러시아 부상병 도착을 기다리는 인천 부두.
이 사진은 하나의 막내딸 메이벨이 1988년 나가사키에 기증한 것이다. 해망대 언덕 위에 영국영사관 건물이 보인다.

2월 9일 해전에서 러시아 병 부상자는 모두 105명이었다. 해전을 지켜보던 영국 순양함 탤봇, 이탈리아 순양함 엘바, 프랑스 순양함 파스칼이 러시아 병 구조를 도와 모두 520명 (그중 부상자 50명)을 구조했다.

바랴크호 부상병 24명은 인천 일본 적십자 임시병원(영국교회 부속병원)에 이송되어 치료를 받았다. 중상자는 3월 8일~10일 일본 적십자 선 하쿠아이마루(博愛丸)로 마츠야마로 이송되어 치료를 받았고, 완치된 순으로 4월 8일~10월 7일 고국으로 송환되었다.

仁川病院, 露玉負傷兵

1899년 헤이그 조약에 따라 포로를 인도적으로 대하고 있다는 일본군 선전용으로 쓰인 사진인데, 인화된 사진을 다시 복사한 흔적이 있다.

인천 露國公使出發

1904년 2월 17일 인천에서 출발하는 러시아 공사 일행.

경성 러시아 공사 파블로프, 인천 주재 러시아 영사 보리아노스키 등 인천에 재류 중인 러시아인들이 프랑스 순양함 파스칼호를 타고 인천을 떠났다.

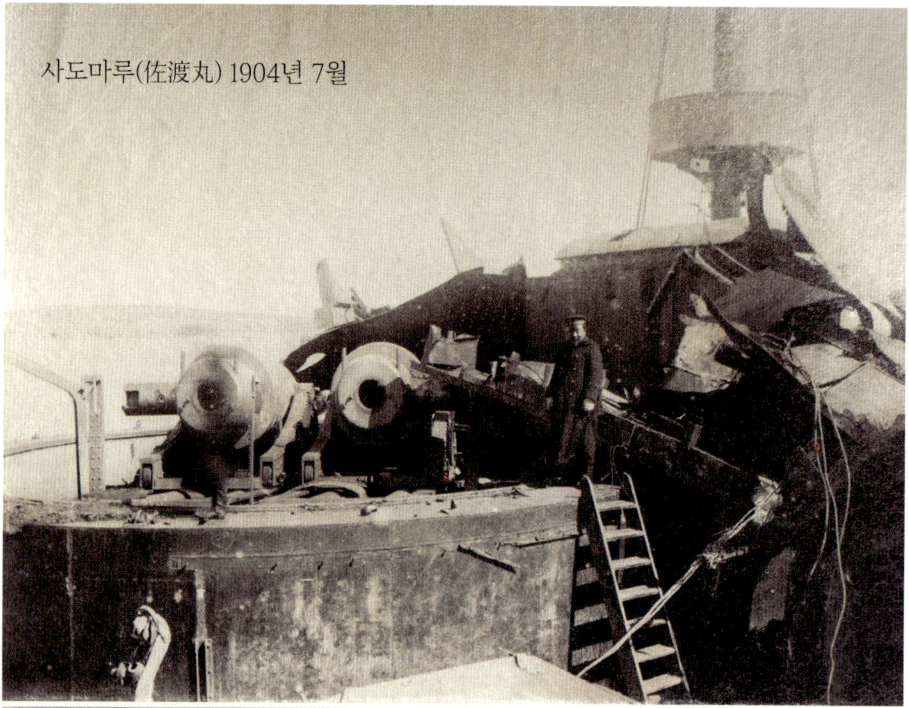

사도마루(佐渡丸) 1904년 7월

58
2부. 격동의 시대를 담다

사도마루(佐渡丸)는 일본우선 주식회사가 청일전쟁 후에 건조한 12척의 일본~유럽 항로 정기선 중의 하나이며 영국에서 만들어졌다.
러일전쟁 시 현해탄에서 러시아 순양함의 포격으로 인해 조난했다. 선체는 크게 파괴되어 일본 구조선에 인양되어 야마구치현 모지항에 귀착했고, 그 후 나가사키 미쓰비시 조선소에서 반년 이상 걸려 수리했다.
사도마루는 1900년 쑨원(孫文)이 싱가포르에서 홍콩을 거쳐 일본 고베항까지 타면서 군사비용이나 무기를 일본에서 조달하려고 계획을 세운 배로 알려져 있다.

1907년 10월 16일 명치 천황의 아들인 요시히토(嘉仁) 황태자가 한국을 방문했다.

사진은 용산역 부근의 환영 인파를 찍은 것이 아닐까 한다. 열차는 용산역에서 정차하지는 않았다. 용산 역사는 1906년 화재로 인해 소실되었고, 그 후에 목조 3층짜리 역사가 재건되었다.

요시히토 황태자는 인천항에 도착하고 철도를 이용해 경성 남대문역을 향했는데, 인천 부두와 시내 다섯 군데에 일장기와 태극기를 교차하여 걸어 넣은 '대록문(大綠門)'이 설치되었다.

대룩문은 소나무와 상록수 잎으로 장식한 커다란 문이고, 거리는 홍백 천을 붙여 장식했으며, 번화가엔 커다란 전광 장식 탑도 설치되었다. 당시 인천의 기록에는 번화가에 화려한 전광 탑을 설치한 '세창양행 독일 상인 월터'라는 이름이 여러 번 등장하는데, 영국 상인 월터 베넷에 대한 언급은 없고, 인천 거리의 화려한 장식 사진도 글래버 가문의 앨범엔 없다.

다만 베넷과 광창양행을 경영했다는 인천상공회의소 대표 에바라 슈이치로의 이름은 환영 인사(人士) 속에 소개되어 있다.

'기념 우편국'이라는 간판이 있는 건물은 홍백의 천으로 덮여 있고, 뒤에는 '대록문'이 보이는 것을 보아 1907년 10월 요시히토 황태자 내한 시기의 사진인데, 장소는 특정할 수가 없다.

인천에서 '기념' 자가 붙는 시설로는 1900년 요시히토 황태자 결혼을 축하하는 의미에서 개설된 '인천거류민단립 기념유치원(仁川居留民團立紀念幼稚園)이 있다.

1907년 10월 19일 낮 11시 반경 인천 시가지 혼마치 사정목(本町四丁目=신포동 일대)에 대화재가 일어났다.

마침, 요시히토 황태자 환영 행사로 경축 무드가 고조에 올랐을 무렵이었다. 당시 요시히토 황태자는 서울에서의 일정으로 인천엔 없었고, 20일 오후 인천 부두에서 배를 타고 떠났는데, 인천 대화재 소식을 듣고 이재민에게 500엔을 하사금으로 내렸다는 기록이 있다.

모던인천
Modern Incheon Series 2

3부

영국 상인이 바라본 개항도시 인천

Part 3. The open port of Incheon as seen by
British merchants

1897년 20대 젊은 영국인 부부는 '제물포'에 도착했다.
1883년에 개항한 그곳은 매립과 도시 건설로
활기차고 분주했다.

Chemulpo at low water (간조시의 제물포)

하나와 월터는 1897년에 인천에 도착했다.
하나의 필적이 있는 개항 초기 제물포의 모습이다.

Native City Chemulpo (제물포 조선인 마을)

1895년경 제물포(인천)를 찍은 파노라마 사진.
가운데 해망대 언덕에 초대 영국영사관(1884~1897) 건물이, 오른쪽 산 위에는 독일인의 무역회사 '세창양행' 사택(1884~1950)이 보인다.

Town of Chemulpo (제물포의 시가지)

바다 쪽에서 바라본 인천 시가지.
신혼인 하나와 월터는 이런 광경을 보면서 부두에 내렸을 것이다.

1904~5년경 겨울 제물포에서 월미도를 바라본 모습이다.

N.Y.K Office & Japanese Bund before Foreshore was filled in
(해변 매립이 시작하기 전 일본우선 회사 사무소와 일본 거류지 해안도로)

일본우선 인천지점은 1888년에 건설되었고 해변 매립은 1899년에 완공했다. 일본우선주식회사는 1885년 미쓰비시 회사와 공동운수가 합병해 탄생했다. 사기(社旗)인 흰 바탕에 두 줄의 붉은 선은, 합병한 두 회사를 상징한다. 인천 외에 부산, 목포, 원산에 지점이 있었다.

Inner Harbor of Chemulpo at low water
(간조시 제물포 내항)

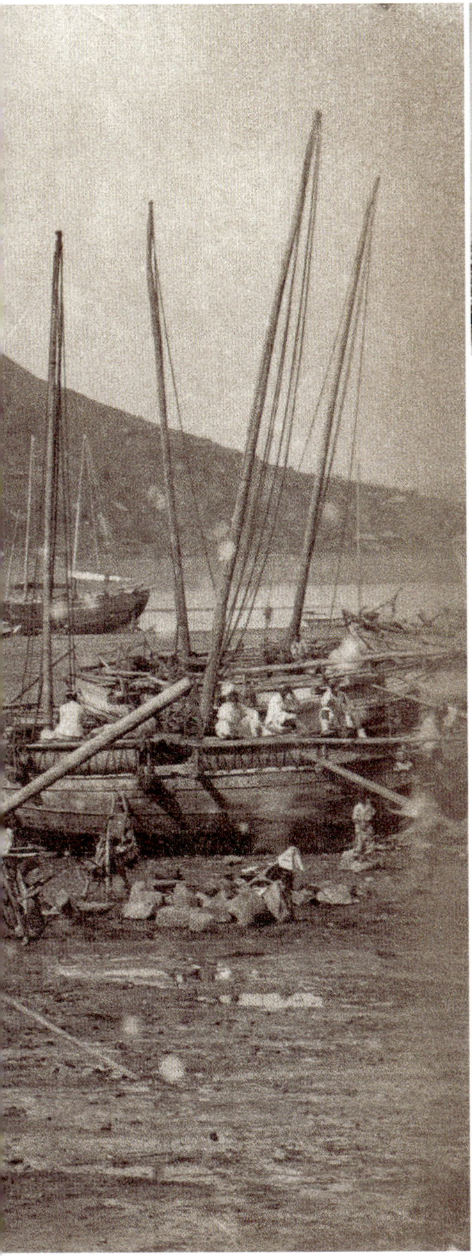

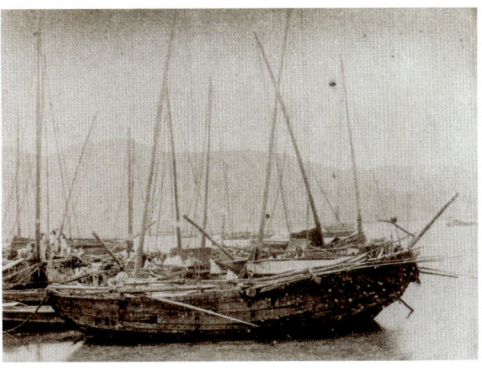

Chemulpo Inner Harbour . Low tide

Chemulpo Inner Harbor · Low tide

(간조시 제물포 내항) 1895년경

Chemulpo shewing Higo maru in Port

Chemulpo shewing Higo Maru in Port
(제물포에서 정박중인 '히고마루(肥後丸)' 1895년경

1894년 6월 이곳을 여행 중이던 이자벨라 버드는 영국 부영사한테 '조선이 위험하니 대피하라'는 권고를 받아 일본우선의 히고마루를 타고 중국으로 피난했다. 당시 상하이~블라디보스토크 정기 항로가 있었다.

Chemulpo Sevral years ago 29/6/99

(몇 해 전의 제물포 1899년 6월 29일)

1899년에 이 사진을 구했다는 뜻인듯하다.
1883년에 개항하자 개항장 중심부엔 일본 주택이 들어서고 조선인 가옥은 모두 변두리로 옮겨졌다.

1888년 프랑스인 샤를 바라(Charles Varat)가 촬영한 감리서(監理署).

조선을 여행한 바라는 1893년 프랑스 파리 기메박물관 (Musee National des Arts Asiatiques - Guimet) 한국실의 개관에 힘을 썼다.

감리서는 1883년 화도진에 설치되었고, 이듬해 제물포에 이 건물이 완공되었다. 임무는 각국 영사과의 교섭, 조계지 일대의 사무를 관할하는 것이었다.

감리서에는 경찰서와 감옥도 병설되었는데, 1896년 김창수(김구 선생)가 을미사변으로 국모를 시해한 일본인을 살해했다는 죄목으로 이곳에 수감되어 있다가 2년 만에 탈옥했다.

1890년경의 인천 혼마치(本町) 거리

오른 쪽 앞 벽돌 3층짜리 대불호텔은 1888년에 건축되었고, 같은 거리에 있어야 할 제일은행이 아직 들어서기 전이다.

제일은행 건물은 1899년에 완공되었다.

'Mint' Chemulpo

인천 전환국

전환국은 오늘날 조폐국(造幣局)으로 화폐를 제조하는 곳이다.

인천 전환국

김성수 관세사

인천전환국은 1892년 서울에서 옮겨와 설치된 근대 화폐 주조기관이며 이곳에서 신식화폐를 제조하였다. 그리고 약 6년간 운영하였고 1898년 용산으로 이전하면서 폐쇄되었다.

1	2
3	4
5	6
7	8
9	10

①② 닷량 앞, 뒤

③④ 한량 앞, 뒤

⑤⑥ 두돈오푼 앞, 뒤

⑦⑧ 오푼 앞, 뒤

⑨⑩ 한푼 앞, 뒤

인천전환국은 약 6만 엔의 공사비를 들여 1892년 5월 착공, 약 7개월 만인 11월 준공되었다. 그리고 12월 4일 시운전에 들어갔다.

전환국 건물은 3동으로 구성되었으며 가운데 중정(中庭)이 있었고 중앙에 현관, 계량실, 사무소, 화폐조사실, 극인실(極印室) 등이 배치되었는데 동쪽 건물은 금은화 제조를 위한 지금(地金) 창고, 증기기관실, 보일러실, 서쪽 건물은 완성된 화폐를 보관하는 화폐창고, 노공소, 조각소, 감찰소 등이 배치되었다.

단조공정과 연마실은 임시건물로 부속되었고 또 순검숙직실 한 동이 있었는데 그 내부에는 목공실을 가설하였으며, 창고 한 동 안에는 철공소를 가설하였다. 모든 건물은 연와구조로서 지붕에 기와를 얹은 형태로 지어졌다. 다만 창고 한 동, 관사 한 동, 직공 관사 한 동은 목조로 지어졌다. 굴뚝 하나, 우물 두 개가 있었다.

동서 350척 (105미터), 남북 172척 (51.6미터), 약 1,550평의 부지에 앞은 낮고 논이 펼쳐져 있었으며 후면은 언덕이 펼쳐져 있었다.

인천전환국에서는 주로 금은 주화와 기타 동전을 제조했다고 하고, 닷량, 한량 은화, 두돈오푼 백동화, 오푼 적동화, 한푼 황동화 5종류와 호조태환권(戶曹兌換券)이라는 일종의 수표를 제조한 것으로 알려져 있다. 전환국이 폐쇄된 이후에는 인천고등여학교 교사로 사용되었다. 지금의 동인천동 행복복지센터 터에 해당한다.

건물은 1883년 10월말에 완공했으며 1933년까지 사용되었다.

800톤에 이르는 건축자재는 모두 일본에서 배로 가져왔으며 일본 목수들이 건물을 지었다.

Japanese Consulate Chemulpo
(인천 일본영사관)

모던 인천

Modern Incheon Series 2

4부

개항기 조선의 현실

Part 4. The reality of Korea during the open port period

무역상은 다른 도시의 정보도 적극적으로 수집했다.
새로운 문물이 급속히 유입되는 조선은 그들에게
기회의 땅이었다.

남산에서 내려다 본 서울.
명동성당이 건설 중인 것을 보아 1896~7년경 사진이다. 명동성당은 1892년 8월에 착공해서 1898년 5월에 완공되었다.

京城 宮殿

'경성 궁전'이라는 타이틀이 달려 있다. 경복궁을 동북쪽 방향에서 촬영한 것인데, 경회루 앞 건물들이 1876년의 화재로 인해 소실된 모습을 보아 1888년에 재건되기 전의 사진이다.

朝鮮國 龍山

'조선국 용산'이라고 쓰여있는데, 마포 나루터의 모습이다. 돛을 내린 전통선이 늘어서 있다. 마포 나루터는 일찍부터 서울의 관문으로 교역의 요충지였다.

Seoul River

Seoul River(한강)

Russian & English Legation Seoul
(러시아와 영국 공사관, 서울)

뒤쪽 오른쪽 끝의 서양식 건물이 영국 공사관이고, 그 왼쪽의 하얀 탑이 있는 건물이 러시아 공사관이다. 바로 앞은 1897년 대한제국을 선포한 경운궁(덕수궁)으로 중궁전이 없는 것을 보아 1902년 이전의 사진이다.

H. B. Ms. Legation 'Seoul'

(Her Britannic Majesty's Legation, Seoul=서울 영국 공사관)

이 건물은 1891년에 완공되었다.

부산은 1876년 개항했다.

부산 영도 쪽에서 건너편에 있는 일본 거류지를 바라본 이 파노라마 사진은 매립이나 개발이 되기 전 1900년 이전에 촬영된 것이다.

1900년경 부산진성과 조선인 마을

Fusan(부산)

1890년대의 부산항.
일본 거류지와 절영도가 보인다.

1907년경 매립 중인 부산항

절영도산 정상에서 내려다 본 부산항 일대.
용두산이 중앙에 있고 우측으로 매립이 진행 중인 현장이 보인다.

부산 용두산 서쪽 니시마치(西町)

Japanese Consulate Fusan(부산 일본영사관)

용두산 아래 일본영사관은 1897년에 건축되었고, 주변은 일본 전관 거류지다.

Japanese Consulate Fusan

목포는 1897년에 개항했다.

모던인천 2

1905년경의 대구, 계산성당은 1902년에 완공되었다.

평양 대동문(좌)과 연광정(우)

목단대에서 바라본 대동강

목단대 부벽루와 대동강이 보인다.

원산은 1880년에 개항했다. 중앙의 건물은 일본영사관이다.

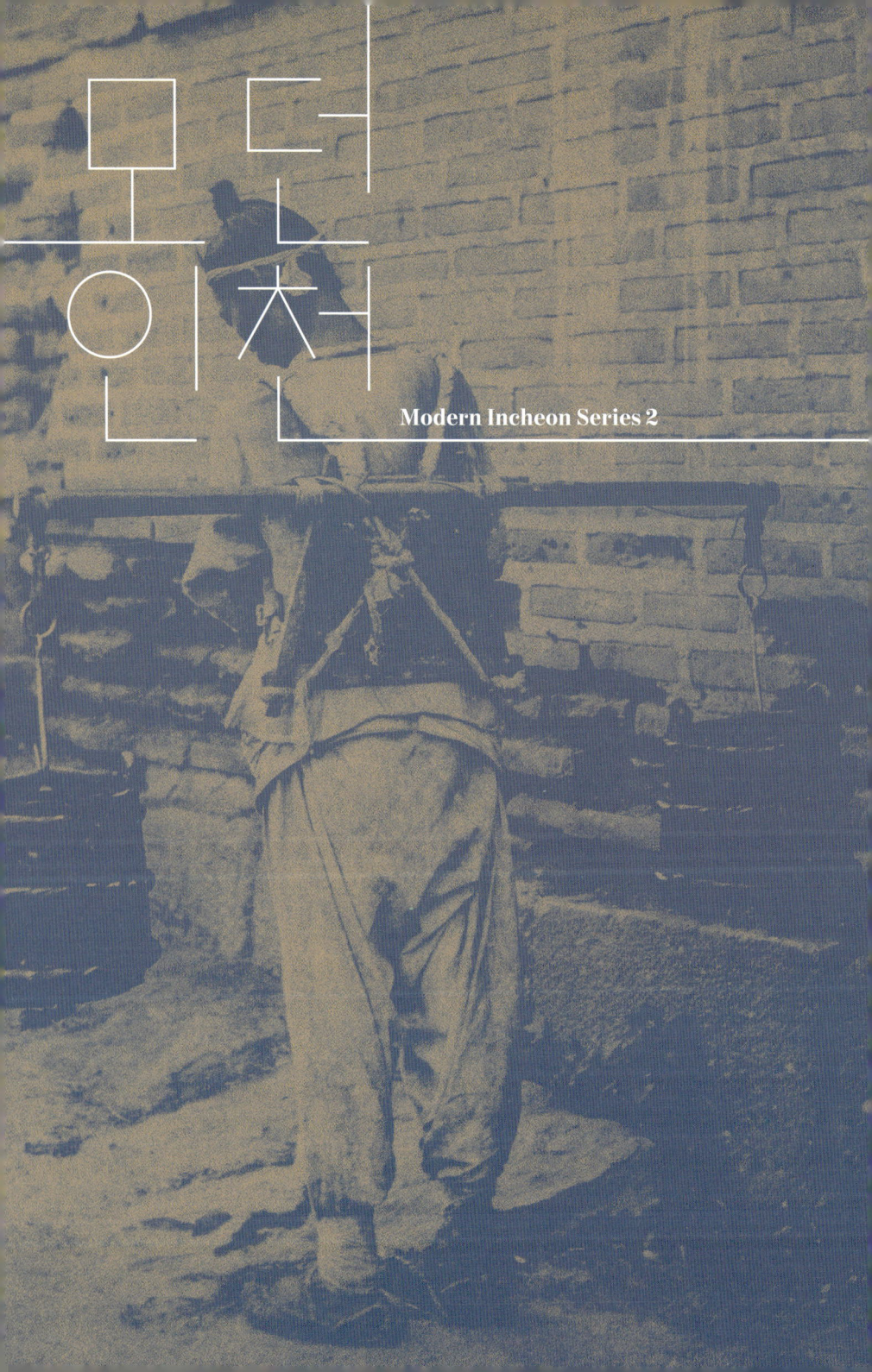

모던인천

Modern Incheon Series 2

5부

조선 풍속 도감

Part 5. Korea Folklore Book

신기한 풍습에 호기심이 자극받아 모은 사진들일까?
어여쁜 여인의 모습이 시공을 넘어
우리 가슴에 여운을 남긴다.

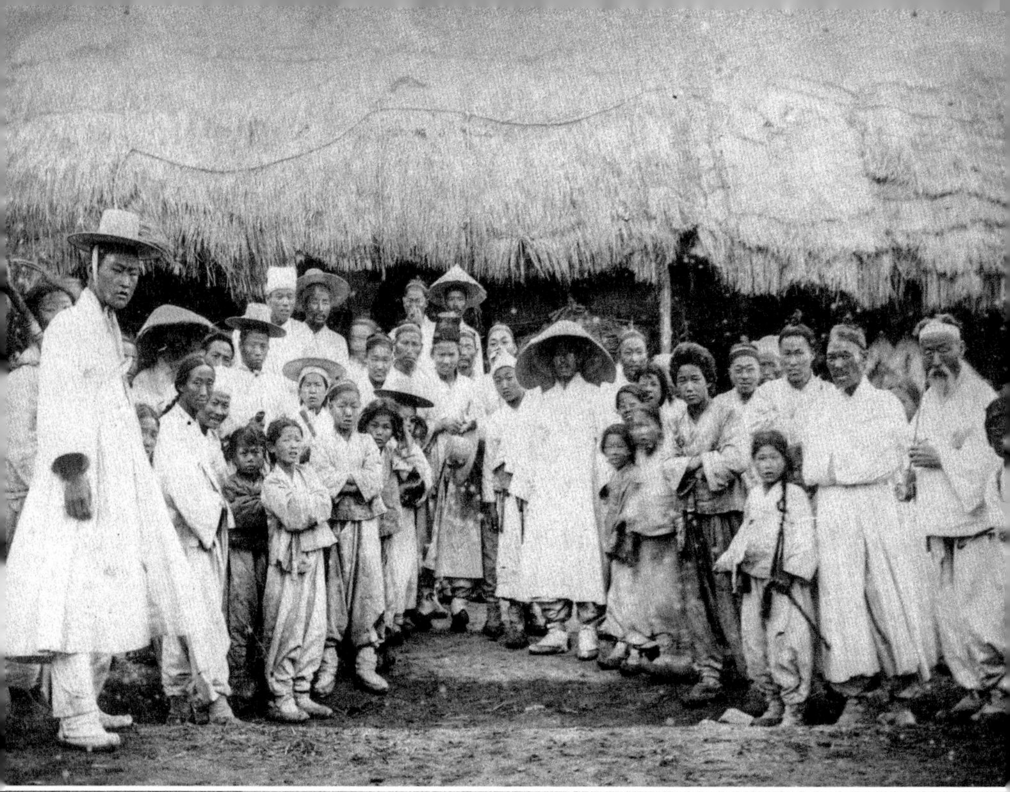

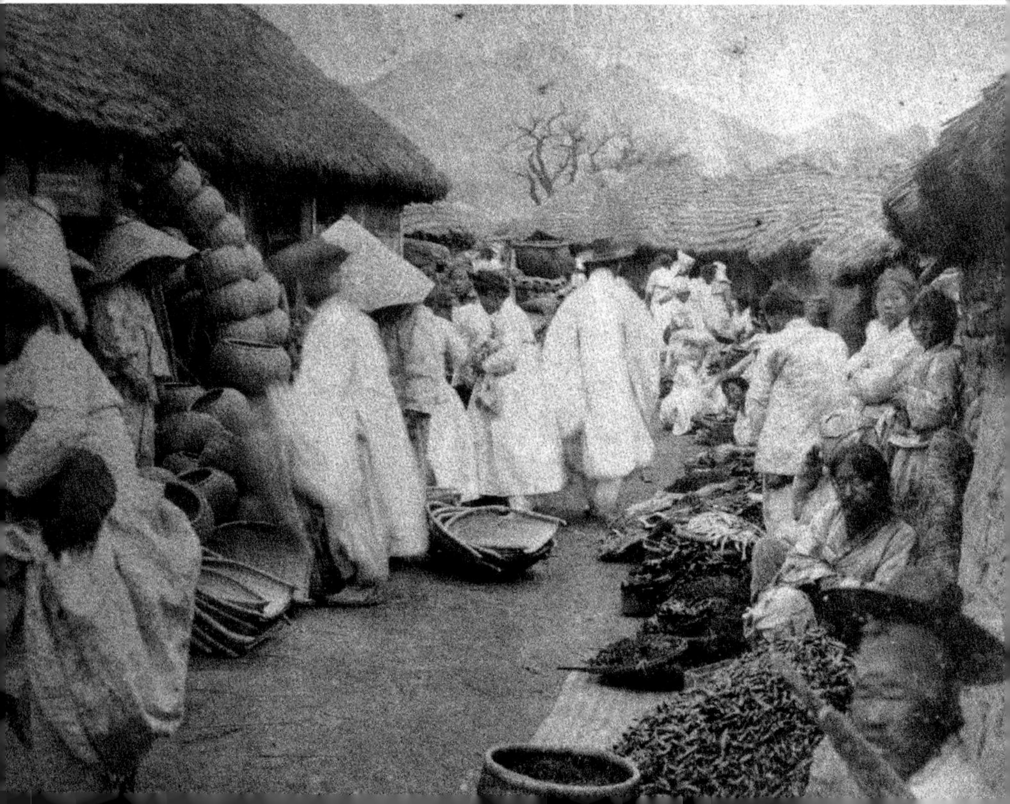

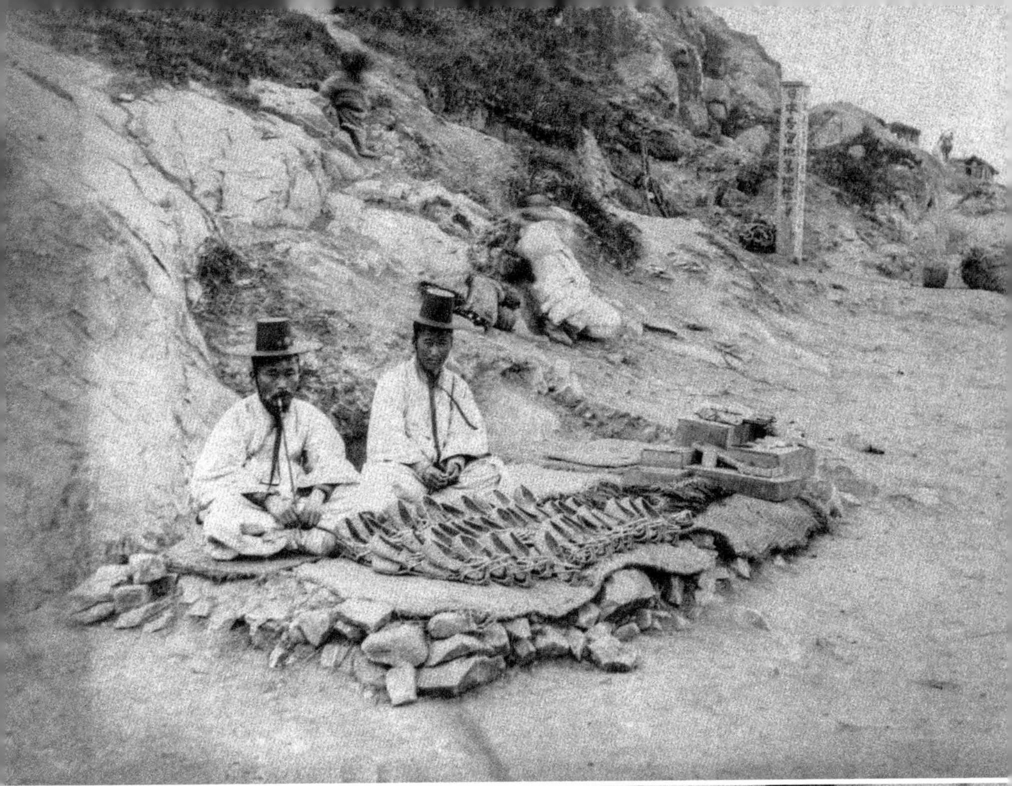

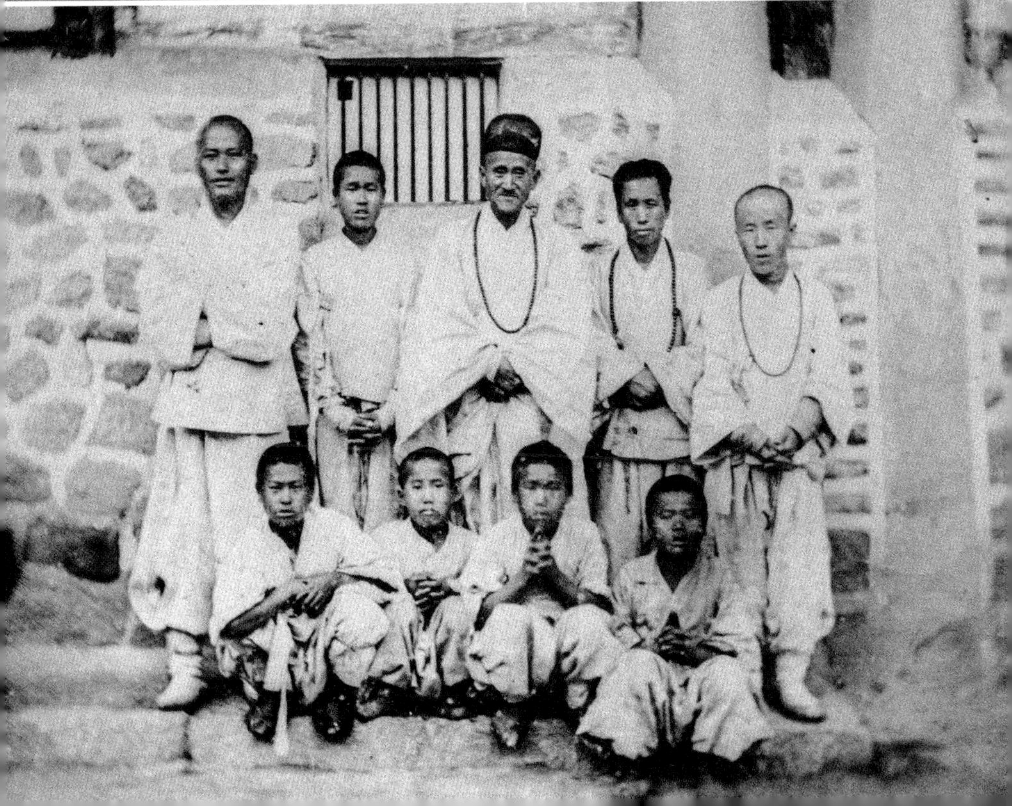

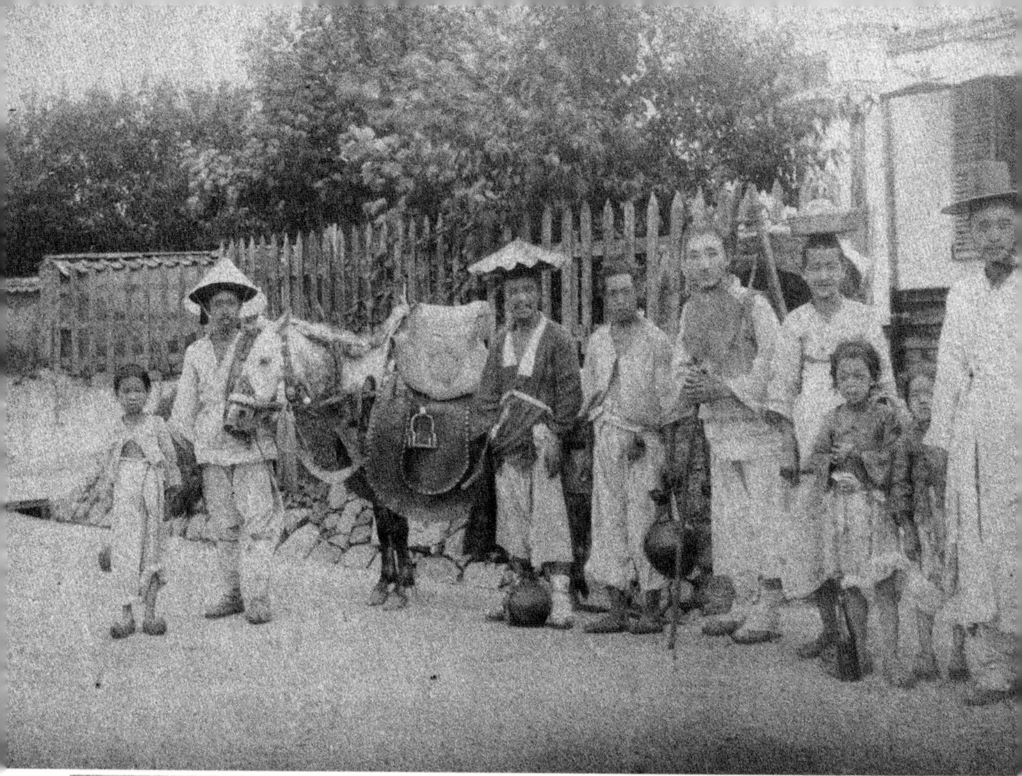

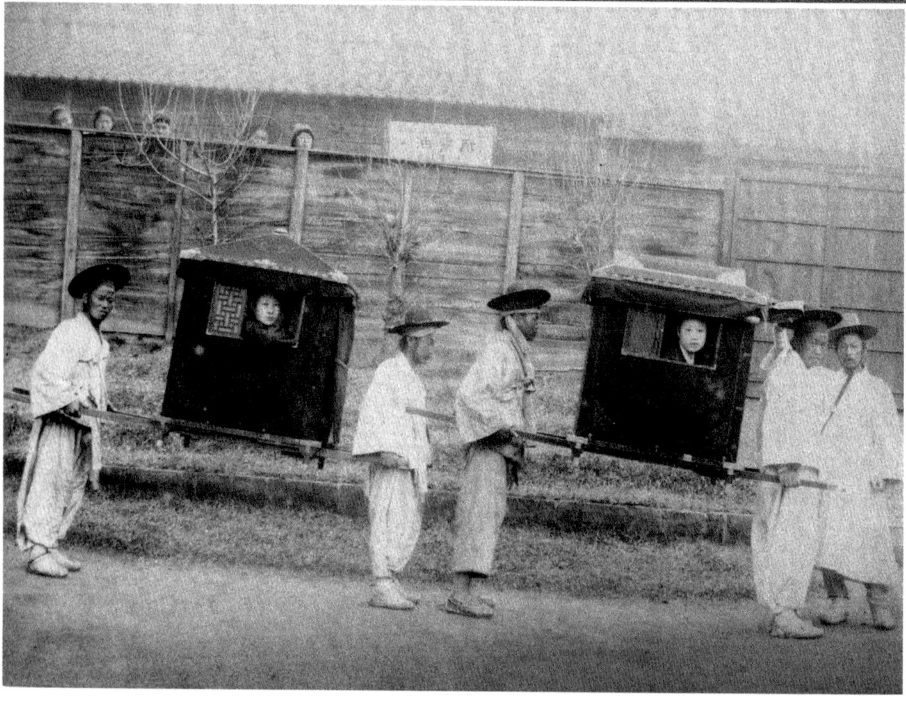

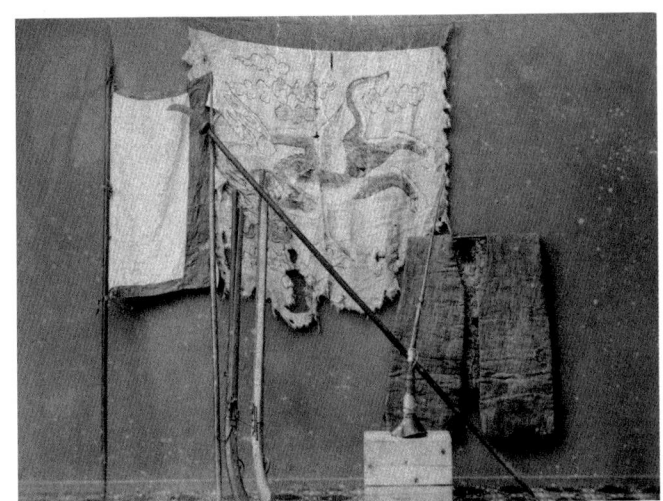

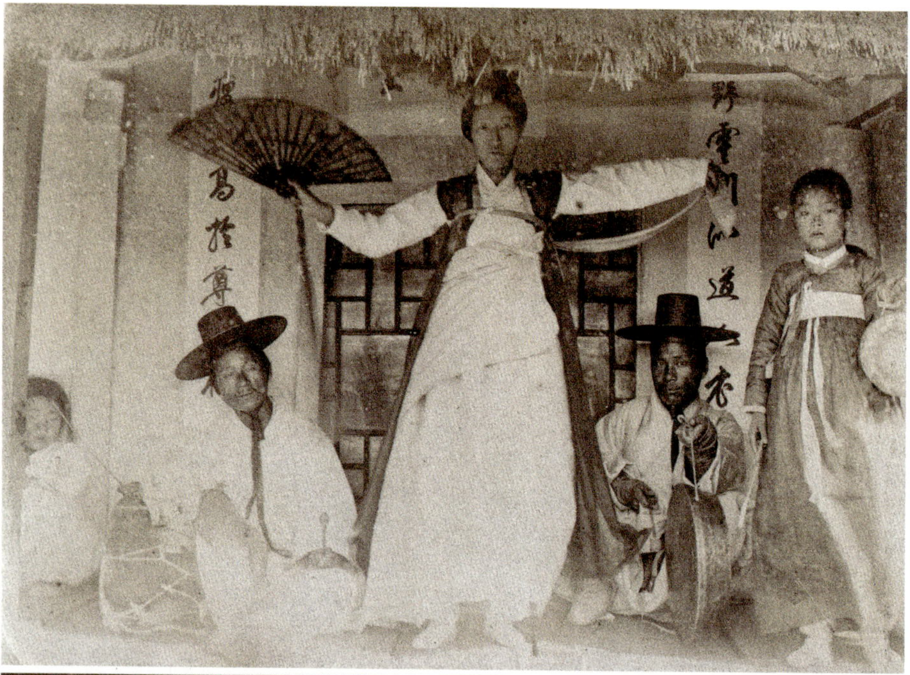

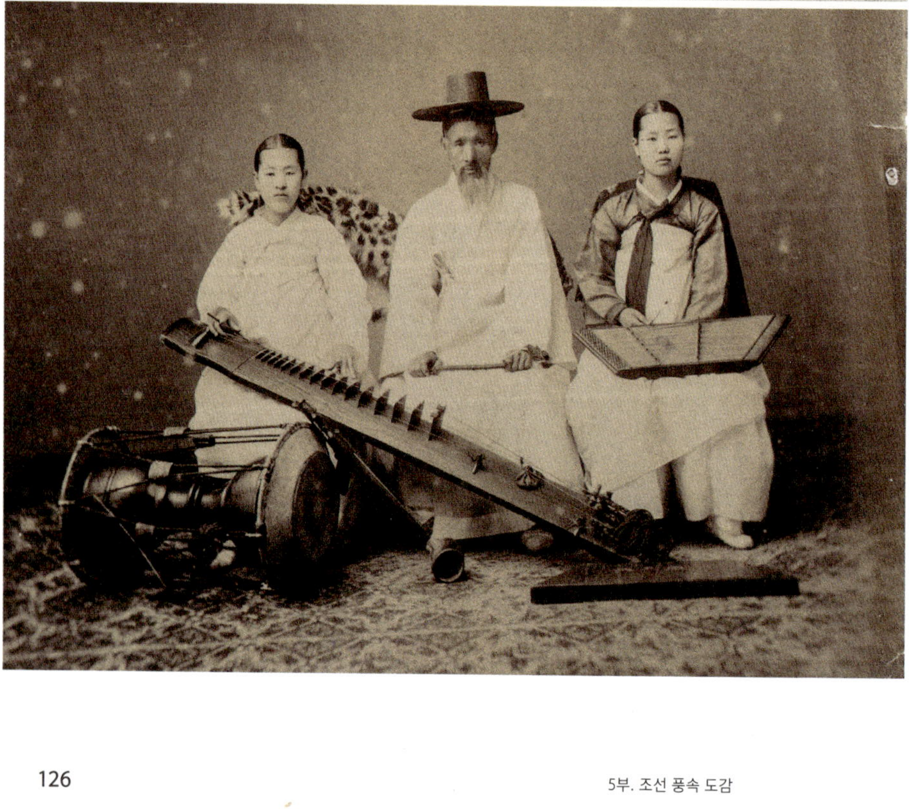

모던인천 2

Korean Lady

Korean Lady (조선의 여성)

Korean women masking dress (장옷 차림의 조선 여인)

모던인천 Modern Incheon Series 2

6부

논고

Part 6. Essays

|

개항기의 사진 사정 · 류은규

글래버 패밀리 앨범에 대해서 · 브라이언 버크-가프니

하나가 영어로 쓴 사진 설명 · 야마다 유카리

개항기의 사진 사정

류은규
사진가

사진술은 개항과 더불어 우리나라에 들어왔다. 쇄국 정책으로 인해 서양 문물과 과학이 금지되어 있었던 1860년대, 베이징을 오가던 사신을 통해 사진술이 알려지기 시작했는데, 청나라에서는 아편 전쟁 시기 서양에서 사진술이 들어왔다.

그러나 처음 사진에 접한 우리나라 사람에게 사진이란 공포의 대상이었다. 찍히면 혼을 뺏긴다, 어린이의 간을 빼서 마법 상자(사진기)의 약을 만들고 있다는 등 수상한 소문이 돌아 1876년 강화도조약 체결 시 우리 대표들이 일본 측의 요청에도 불구하고 사진 촬영을 거부했다고 한다.

청나라에서 사진술을 배운 김용원이 1883년 우리나라 처음 사진관을 개업했다는 소식이 한성순보(漢城旬報)에 실렸는데, '촬영국'이라는 중국식 이름과 일본인 기술자를 썼다. 또한 1883년 청나라에서 사진술을 배운 황철이 나가사키에서 기자재를 사와 사진관을 개업했다. 민씨 가문과 가까웠던 황철은 창덕궁, 경희궁, 경운궁, 창경궁 등 궁궐이나 성안의 풍경을 촬영하여 우리나라를 찾은 외국인에게 사진을 팔았는데, 그것을 못마땅히 하는 수구파들이 그가 국가기밀을 누설하는 반역자라 하여 황철은 의금부에 투옥되기도 했다. 1884년 지금의 종로3가 부근에 사진관을 개업하여 고종 초상사진을 촬영한 지운영 역시 나라를 팔아먹는 반역도라는 오명을 쓰고 서울에서 쫓겨났다.

우리나라보다 20여 년 앞서 쇄국정책을 푼 일본이지만, 나가사키는 유일하게 그 이전부터 외국에 문호를 연 도시였고, 거기서 서양인한테 화학을 배우고 있던 우에노 히코마는 습판사진술을 습득하여 1862년에 사진관을 개업하면서 많은 제자를 키웠다. 비슷한 시기 요코하마, 하코다테 등 개항장에서 외국인을 통해 사진술을 배운 사람들이 각각 사진관을 개업했는데, 초기 사진관의 주된 고객은 서양인들이었다.

사진의 대중화 배경에는 전쟁도 중요한 역할을 했다. 청일전쟁 시기 일본에서 파병되는 병사들 사이에 초상 사진을 찍어 고향에 보내는 일이 유행하면서 군항인 히로시마에서 사진관마다 북새통을 이루었다는 일화가 있다. 인천으로 파병된 일본군을 따라 일본인 사진사나 사진관도 우리나라에 들어왔고, 촬영국(撮影局)이나 조상관(照像館)이라는 중국식 단어 대신 사진관이라는 명칭이 정착하게 되었다.

사진을 인화하려면 꼭 전문가의 손을 거쳐야 한다. 그래서 약삭빠른 기술자가 같은 사진을 여러 장 인화하여 판매용으로 빼돌린 경우도 있었다. 러일전쟁 때 인천 해전을 찍은 미국 기자의 필름을 빼내 무단으로 인화 판매한 일본인 사진관에 대한 소송이 있었다는 기록도 있다.

사진이 귀했던 개항기, 사진은 꼭 필요로 한 사람에게 고가에 매매되었으니 오늘날 많이 남아 있지 않다. 미국 어느 박물관에서 개항기 사진이 발견되었다는 뉴스가 세상을 떠들썩하기도 한데, 그 사진들이 유일한 것이 아니라 어느 정도 유통되어 있었던 것임을 증명해 주는 게 바로 이 글래버 앨범의 사진들이다.

일본 나가사키와 조선 인천을 오가며 무역상으로 활동했던 영국인은 탄탄한 재력을 바탕으로 더 큰 부를 낳기 위해 새로운 정보를 획득하려고 사진을 모았고, 때로는 사진사를 불러 촬영도 했다. 유리건판으로 촬영한 글래버 앨범 속의 대형 사진들을 보면 세월의 흐름에 따라 색이 바랬지만, 구도를 잘 잡아 초점을 맞추는 안목과 꼼꼼한 인화 작업을 통해 정성 들여 한 장의 사진을 만들어낸 것임을 확신할 수 있다. 아마도 적지 않은 금액을 지불하여 그런 촬영이 이루어졌을 것이다.

글래버 앨범 중에 휴대용 필름 카메라가 찍힌 사진들이 있다. 장소가 불명한 사진기를 들고 있는 남자의 사진이다. 1912년 미국 그

래프렉스 사가 제조한 '스피드 그래픽'이라는 카메라인 것 같은데, 통 속에서 주름 달린 렌즈가 튀어나오는 형식이며 초기에는 대형 필름을 한 장씩 장착했다. 주로 전문 기자들이 사용했던 카메라다.

№ 3A Folding Pocket Kodak

그리고 글래버 앨범의 주인인 구라바 토미사부로가 1917년 여동생 하나를 찾아와 인천에서 찍은 사진이다. 토미사부로가 들고 있는 것은 미국 이스트먼 코닥사가 제조한 롤필름을 장착하는 '3A 폴딩 코닥' 같다. 사진이라는 고급 취미를 가진 토미사부로는 1916년에 나온 'No.3A 오토그래픽 코닥 스페셜'을 재빨리 손에 넣었는지도 모르겠다. 초점을 맞추기 위해 개량된 모델인데, 아직 기계에 익숙하지 않은 아마추어한테는 조작하기 힘들었던 모양이다. 아쉽게도 토미사부로가 인천에서 찍은 사진은 모두 초점이 빗나갔다.

사진은 찍는 만큼 보존이 중요하다. 130년 전 사진을 오늘날 우리가 볼 수 있는 것은 바로 토미사부로가 글래버 가문의 앨범을 도서관에 기증했기 때문이다. 사진을 사랑했던 토미사부로는 개인의 기념사진이 후세의 중요한 역사자료가 될 것임을 예견하는 선견지명을 가지고 있었던 것일까.

일반적으로 사진은 단순히 개인적인 추억을 간직하기 위해 찍는 것이지만, 시간의 흐름에 따라 또 다른 여러 가지 의미가 부여되기도 한다. 개항기 사진들은 우리에게 그 당시 생활이나 풍습, 경제 상황, 정치, 역사 등 많은 정보를 알려준다. 사진가가 찍은 작품이나 보도사진도 마찬가지다. 시간 흐름에 따라 사진은 촬영 당시의 가치를 벗어나 인문학적인 가치를 지니게 된다. 그런 식으로 사진이 승화하려면 가장 중요한 관건이 보존이다.

글래버의 가족 앨범들이 원폭 피해를 본 나가사키에서 제대로 보존됐다는 것이 정말 기적과 같은 일이다.

글래버 패밀리 앨범에 대해서

브라이언 버크-가프니
나가사키 종합과학대학 명예교수, 글래버원 명예원장

 구라바 토미사부로(倉場富三郎, 영어명 T. A. Glover)는 1870년 스코틀랜드인 사업가 토머스 글래버와 일본인 여성 사이에서 혼외자로 태어났다. 도쿄와 미국에서 교육을 받은 뒤 나가사키로 돌아와 무역상사 홈링거상회 발전에 기여했다. 그는 트롤선 도입을 통해 어업 진흥에 힘썼으며, 일본 4대 어보의 하나로 꼽히는 『어류도보(魚類圖譜)』를 편찬한 것으로도 알려져 있다. 역시 일본과 영국의 피를 이어받은 부인 와카(ワカ)와의 사이에 아이는 없었다.

 태평양전쟁 발발 이듬해인 1942년 12월 17일 토미사부로는 나가사키의 법률사무소에서 유언서에 서명했다. 그 유언서에는 『어류도보』를 일본은행 부총재 시부사와 게이조(澁澤敬三) 씨에게 보낼 것, 돈은 친족이나 충실한 하인에게 나누어 줄 것, 나아가 조선 나진에 있는 부동산을 어느 일본 기업에 맡길 것 등이 적혀 있다.

개인 소장

그리고 잡지, 생활기록, 일본어와 영어 서적, 오래된 사진, 기타 문서에 대해서는 모두 나가사키 도서관에 기증한다고 명기하고 있다. 이들 소유물 중에는 토미사부로가 직접 촬영한, 혹은 오랜 세월에 걸쳐 수집한 수백 장의 사진도 포함되어 있어, 정성스럽게 분류되고 주석이 붙여져, 몇 권의 앨범에 붙여져 있던 것이다. 바로 글래버의 패밀리 앨범이다.

유언 작성 후 불과 몇 달 만에 부인 와카는 결핵을 앓다가 세상을 떠났고, 천애고독이 된 토미사부로는 간첩 색출 헌병대의 집요한 감시에 시달리다 일본의 전황이 급속히 악화돼 나가사키가 궁지에 빠지는 것을 지켜봤고, 마침내 원폭 투하와 그에 따른 혼란을 겪게 됐다. 1945년 8월 26일 그는 미나미야마테 9번지 자택에서 스스로 목숨을 끊었고, 글래버 가문의 나가사키 체류는 비극적으로 막을 내렸다.

개인 소장

　일본의 패전 후 토미사부로의 유품은 미쓰비시 나가사키 조선소 종업원이 책임지고 처분했다. 글래버 가문의 패밀리 앨범은 토미사부로 자신의 유언에 따라 나가사키 현립 도서관에 기증되었지만, 상자에 담긴 채 방치되었고, 지난 시절의 나가사키 외국인 거류지에는 별로 관심이 없었던 향토사 연구가들에 의해 대부분 외면을 당했다.

　토마스 글래버의 업적에 비로소 빛이 비치기 시작한 것은 글래버원이 설립된 1974년 무렵부터다. 그 사이에, 「나비부인의 집」이나 「막부 말기의 지사를 감춘 숨겨진 방」이라고 하는 경박한 억측이, 관광 자원으로서 전국적, 더 나아가 세계적으로 주목받게 되어 있었다. 한편, 토마스 글래버의 활동에는 약간이나마 관심이 주어졌지만, 토미사부로와 그 이복 여동생 하나를 비롯해 링거 가문, 올트 가문, 그 밖의 많은 나가사키 외국인 거류지의 원거주자들은 역사의 그림자 속에서 떠오르는 경우가 없었다.

이후 글래버 가문의 패밀리 앨범에 담긴 사진 중 일부는 전기나 학술 논문 등에 실리게 됐지만 체계적이고 포괄적으로 앨범을 정리하거나 이 귀중한 사료를 일반에 공개하지는 않았다. 나가사키 현립도서관에 보관되어 있던 글래버 패밀리 앨범을 비롯한 다양한 역사적 자료는 2005년 나가사키 역사문화박물관이 개관하면서 모두 이관되어 현재는 나가사키 역사문화박물관에 소장되어 있다.

앨범 속에는 인천을 비롯한 한국 각지의 풍경을 포착한 사진들이 대거 담겨 있다. 토미사부로가 촬영한 것도 있고, 여동생 하나가 자필 캡션을 곁들여 제공한 것도 있는 것 같다. 이 사진들을 처음으로 조명한 이 책이 나가사키와 인천의 역사적 관계를 밝힐 뿐만 아니라 글래버 가문의 패밀리 앨범과 그 역사적·문화적 의의에 대한 추가 연구의 계기가 되기를 바란다.

또한 다른 다양한 자료에서 미공개 사진이 발견되기를 기대한다. 여기서 1897년 1월에 글래버 저택에서 촬영된 신혼인 하나 글래버와 월터 베넷의 두 장의 사진을 소개하고자 한다. 이 사진은 최근 베넷 일가의 유품에서 발견된 것으로 같은 날 촬영돼 글래버의 패밀리 앨범에 담긴 유명한 단체사진을 보충하는 의미에서도 아주 중요하다.

하나가 영어로 쓴 사진 설명

논고 Essays

야마다 유카리
나가사키 종합과학대학교 교수

 나가사키 역사문화박물관이 소장하고 있는 글래버 가문 앨범은 모두 26권이다. 그 앨범에는 토마스 글래버가 나가사키에 온 뒤부터 증손자인 로널드 베넷의 어린 시절까지 4대에 걸쳐 1860년대부터 1940년경까지의 사진이 담겨 있다.

 사진 내용은 가족, 행사, 나가사키의 저택, 도쿄 저택, 애완견, 명승고적, 꽃, 시사 관련 등으로 구성된다. 각 앨범의 앞부분에는 같은 주제로, 차례로 사진이 붙어있는데, 후반부에는 여백이 있거나 사진의 크기와 내용이 제각각이다. 이는 뒤쪽 여백에 구라바 토미사부로가 나중에 갖고 있던 사진을 붙였기 때문이다.

 브라이언 버크-가프니 선생님으로부터 글래버 가문 앨범에 있는 한국 관련 사진에 관해 연구해 달라고 요청받은 것이 이번 연구의 계기가 되었다. 이 책에 실린 한국 관련 사진은 여덟 권의 앨범에 담겼다. 그중 여섯 권은 하나와 월터 베넷의 가족사진이다.

베넷 일가는 처음 각국 거류지인 송월동에서 살았다. 월터는 송월동 주택에서 홈링거상회 인천지점(해안통 49호지, 미쓰이물산 부지)에 다녔다. 부부는 인천에 건너온 첫해인 1897년에 태어난 토마스를 비롯하여 2년마다 네 명의 자녀를 얻었다.

『조선신보』 1908년 9월 2일 자에 영미독청일(英美獨淸日) 5개국의 여섯 살에서 열두 살 20여 명이 모인 '제1회 어린이회'가 이사청 2층에서 개최되었다는 기사가 있다. 조선에 재류 중인 각국 아이들이 가정교사한테 교육을 받는 경우가 많아 또래 아이들이 함께 놀 기회가 적어서 개최했다고 한다. 인천에서 자식 복이 많기로 알려진 자는 베넷 일가이고, 다음은 영국 영사인 레이 일가라고 그 기사에서 소개되고 있다.

월터는 1904년 에바라 슈이치로와 함께 광창양행(廣昌洋行=베넷상회, 일영무역합자회사, 해안통 1가)을 설립한다. 인천상공회의소 대표를 지낸 에바라 하고는 홈링거상회 시절부터 알고 지내는 사이였다.

신문광고에 따르면 광창양행은 수입대행업을 주로 하며 담배, 목면, 문구, 식품, 자전거, 옷감, 페인트, 촛불, 양못(洋釘), 철재, 골함석, 유리, 가구, 사진기계, 약품, 향수, 화재보험, 세탁용 베이킹소다, 질소비료 등을 취급했다. 희귀한 것으로는 외제 사진엽서, 영국 메이플사가 만든 대한제국 왕실 내부 장식용 가구, 인천의 오례당 가옥 장식품, 남만주철도 안봉선(安奉線) 궤도 교량 철재의 수입 등이다.

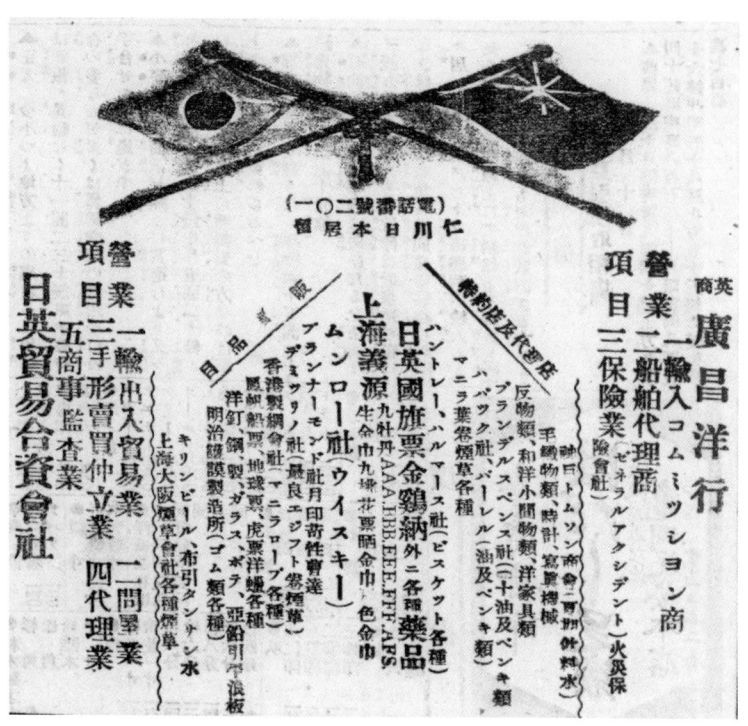

1906년 9월 11일 조선신보

광창양행은 인천 주안에 농장을 갖고 있어 사과 재배도 했다. 1910년 동업자 에바라가 병환으로 우각동 에바라 농장에서 요양하자 이듬해 동업관계를 해소하였다. 같은 시기 홈링거상회도 인천에서 철수했다. 이후 광창양행(=베넷상회)은 영국에서의 수입을 도맡아 인천의 대지주로도 알려졌다.

월터는 인천 명사로서의 존재감도 컸다. 신문 기사에서 월터의 활동을 들어보자. 1908년 인천 거류지회 선거에서 최다 득표로 당선했고, 일본에서 유명한 당구 선수를 제물포구락부에 초청해 시

합을 벌였고, 인천 호텔에서 개최한 영국황제 대관식 축하 오찬에서 만세를 선창하고, 인천공원에서 열린 조선신문사 국화품평회에서 그가 키운 황모란이 우등상을 받았고, 월미도 해수욕장을 포함한 각 방면에 거액의 기부금을 내는 등 기사에서 월터의 자랑스러운 표정이 떠오르는 듯하다.

월터의 부인 하나의 기사도 있다. 이사청에서 있었던 천장절(天長節=일본 천황 생일) 축하 무도회에 부부 동반으로 참석했고, 프랑스제 금 브로치 판매에 기여했다고 간호부인회로부터 상을 받았고, 인천 프랑스교회 보육원에 기부금 기사에도 등장한다.

하지만 세상은 크게 요동치고 있었다. 1915년 9월 16일 남대문에서 인천으로 돌아오는 열차 안에서 경성일보 기자한테 취재를 받은 월터는 제1차 세계대전이 시작되고 나서 수입품의 유입이 끊긴 상태라고 하며 유럽의 전황과 경제 악화를 전하고 있다. 베넷 일가가 영국 영사관 터로 거처를 옮겨 영사 대리를 맡은 배경을 엿볼 수 있는 기사다.

여기서 영어로 된 사진 설명이 있는 앨범에 주목하고자 한다. 인천을 찍은 사진에 "Chemulpo Sevral yeas ago 24/6/99"라는 설명이 있다. 사진을 입수한 1899년 6월 24일에 기록한 것으로, 몇 년 전부터 인천에 사는 사람이 쓴 것이다. 또한 "Inner Harbor of Chemulpo at low water(건조시의 제물포항)", "N.Y.K Office and Japanese Bund before Foreshore was filled in(해변 매립이 시작

하기 전 일본우선 회사 사무소와 일본 거류지 해안도로)"이라고 설명한다. 인천의 지리에 밝고, 해안 매립 전후의 상황을 아는 사람이 쓴 것이다. 월터의 글씨체가 아니니 이 설명을 쓴 사람은 하나일 것이다.

하나는 1897년 10월 29일 첫째 아들을, 1899년 9월 15일 둘째 아들을 출산한다. 1899년 6월 말엔 둘째 임신 7개월 무렵이다. 인천에서의 생활에도 익숙해져 앨범에 사진을 붙여 보고 들은 것을 적었을 것이다. 그럴 수밖에 없을 정도로 한국은 격동 시기에 있었다.

하나는 경복궁 광화문 사진에 "Gate of Middle Palace in which Queen was murdered(왕비가 살해된 중궁의 문)"라고 적는다. 1895년 10월 8일의 대사건이다. 하나가 인천에 온 1897년에는 11월 21, 22일 국모의 국장(國葬)이 거행되어 "Funeral of Queen(왕비의 장례식)" 사진도 앨범에 붙었다. 경운궁(덕수궁) 사진에 곁들인 설명 "Russian and English Legation Seoul(러시아와 영국의 공사관, 서울)"은 1896년 고종의 아관파천(俄館播遷) 무대를 가리키는 말로도 읽힌다.

목포, 부산, 평양 등 사진도 있다. 평양 대동문 사진에 "Seoul Gates and City wall(서울의 문과 성벽)"이라고 적는 등 인천과 서울 이외의 사진에는 약간의 착오가 있다. 그러나 모두가 개화기 조선 역사의 무대임에 변함이 없다. 하나의 캡션 덕분에 1884년에서

1899년경으로 추측되는 사진도 있다. 또한 다른 앨범의 일본어 글씨는 구라바 토미사부로가 쓴 것이다. 1884~1910년경의 용산, 원산, 대구 등 모두가 매우 귀중한 사진들이다.

2024년 봄 인천관동갤러리에서 '인천 영국영사관과 하나 글래버 베넷 전'을 선보였다. 그동안 알려지지 않았던 영국영사관 건물 역사와 구조, 그리고 거기서 살았던 나가사키 출신 하나 글래버 베넷의 삶에 조명한 이 전시는 다행히 호평을 받았다. 그 전시에서 선보인 글래버 가족 앨범의 사진을 고해상도로 촬영하고 싶다는 요청을 받아 나가사키 역사문화박물관의 협조를 얻어 2024년 7월 류은규 씨와 도다 이쿠코 씨가 나가사키를 방문하여 열람과 촬영이 성사되었다.

옛 사진은 보는 이의 이해에 따라 읽히는 심도가 깊어지며 사진 스스로가 우리에게 말하기 시작한다. 나도 사진과 더불어 하나의 인천살이를 연구하면서 진정한 배움을 얻은 기분이다. 독자 여러분도 옛 사진과 대화를 나누어 보시기 바란다.

참고 문헌

『인천부사(仁川府史)』
『인천개항25년사(仁川開港二十五年史)』
hojishinbun.hoover.org

기획 : 인천관동갤러리+나가사키종합과학대학 지역과학연구소

원고 집필과 사진 고찰에 있어서 나가사키 거류지 연구가 브라이언 버크-가프니
선생님, 세관사를 연구하는 김성수 선생님의 큰 도움을 받았습니다.
옛 사진 보정 작업은 류은규, 정은탁이 맡았습니다.
이 책을 펴내기 위해 함께 노력했던 모든 분께 감사의 마음을 드립니다.

p12, p144(코닥 카메라), p147, p148을 제외한 모든 사진은 나가사키 역사문화
박물관에 소장되어 있으며 본서의 출판에 대해 정식으로 허가를 받았습니다.
본 연구의 성과는 JSPS 科研費 JP19K04816에 의합니다.

모던인천 시리즈 2
글래버 앨범 속의 개항기 조선

편저	류은규, 도다 이쿠코, 야마다 유카리
펴낸이	류은규
디자인	드림포트디자인 정은탁
인쇄	(주)일진인쇄

출판등록	2007년 3월 28일
등록번호	제123-91-82792
초판1쇄	2025년 3월 27일

도서출판 토향
인천광역시 중구 신포로31번길 38-1 (우 22315)
전화 032-766-8660
팩스 032-766-8662
홈페이지 www.tohyang.co.kr
이메일 tohyang@gmail.com

ISBN 978-89-98135-14-0 04910
　　　 978-89-98135-12-6 (셋트)

ⓒ 류은규, 도다 이쿠코, 야마다 유카리 RYU Eunkyu, TODA Ikuko, YAMADA Yukari
이 책의 저작권은 류은규, 도다 이쿠코, 야마다 유카리에게 있으며 허락없이
무단복사, 복제, 전재하는 행위는 저작권법에 저촉됩니다.

책값은 표지 뒷면에 표시되어 있습니다.